12 Schritte zu deinem Verkaufserfolg

Werner F. Hahn
Verkaufstrainer + Fachbuchautor

© 2016 Werner F. Hahn
Rel. 01-01.09.2016
Herstellung und Verlag: BoD - Books on Demand, Norderstedt
ISBN: 978-3-7412-7249-3

Bibliografische Information der Deutschen Nationalbibliothek: Die Deutsche Nationalbibliothek verzeichnet diese Publikation in der Deutschen Nationalbiografie; detaillierte bibliografische Informationen sind im Internet über http://dnb.-nb.de abrufbar.

Herausgeber: Werner F. Hahn GmbH, Willy-Brandt-Platz 6, 55122 Mainz

Umschlaggestaltung: Gregor Zawadzki www.ingenium-design.de

Cartoons: Markus Blatz rotten-vegetable@gmx.de

WORD-Beratung: Marina D'Avis info@davis-grafik.de

Fotos: www.fotolia.com

Im Folgenden ist der Einfachheit immer vom „Verkäufer" die Rede, denn die ständige Unterteilung in „der Verkäufer/die Verkäuferin" stört den Lesefluss erheblich. Seid mir bitte nicht gram, liebe Leserinnen, ich kann gar nicht frauenfeindlich sein, denn ich halte die Frauen sowieso für die besseren Vertriebsprofis.

Dieses Buch ist urheberrechtlich geschützt. Teile dieses Buches dürfen jedoch gerne reproduziert oder unter Verwendung elektronischer Systeme gespeichert, verarbeitet, vervielfältigt oder verbreitet werden, immer mit dem Hinweis © Werner F. Hahn, www.wernerhahn.de

Das Verkaufstalent ist angeboren?
Das ist doch nur ein Mythos.

Verkaufstalent ist vielmehr die Fähigkeit zu harter Arbeit an sich selbst, den eigenen Fähigkeiten und Veränderungspotentialen.

Den Beruf des Verkäufers solltest du vergleichen mit dem Spitzensport: ohne solide Basis läuft da überhaupt nichts!

Zum Spitzensportler, zum Topp-20%-Verkäufer wird nur, wer täglich trainiert und sich bewusst ist, dass nur härteste Arbeit ihn vorwärtsbringt.

Deswegen:
Verkaufen ist Arbeit.
Erfolgreich verkaufen ist harte Arbeit.

Inhaltsverzeichnis

Einführung		5
Schritt #1:	Das Basiswissen	9
Schritt #2:	Realistische Ziele setzen	12
Schritt #3:	Die Bedeutung deiner positiven JA!-Einstellung	18
Schritt #4:	Ein harmonisches Verhältnis aufbauen	22
Schritt #5:	Den Verkaufstrichter füllen	25
Schritt #6:	So setzt du Referenzen und Empfehlungen richtig ein	30
Schritt #7:	Nach Empfehlungen fragen	33
Schritt #8:	Sechs Wahrheiten, warum sie NICHT bei dir kaufen	39
Schritt #9:	Der Unterschied zwischen Kunden-Zufriedenheit und Kunden-Loyalität	42
Schritt #10:	Glaubwürdigkeit und deine Marke	47
Schritt #11:	Solltest du deine Interessenten qualifizieren oder disqualifizieren?	52
Schritt #12:	Was unterscheidet gute Verkäufer von Topp-20%-Verkäufern?	60

Werner F. Hahn

Danke

Literatur- und Quellenverzeichnis

Haftungsausschluss

Druckfehler?

Einführung

Jedes Kapitel aus diesem Buch enthält werthaltige Informationen, wie du im Verkauf von Tag zu Tag immer besser wirst. Mein Tipp: setz diese Ideen einfach um, es TUN. Für den überwiegenden Teil der Verkäufer ist das Wort TUN doch nicht so einfach – für sie gibt es tausende von Gründe, es zu unterlassen. Warum ist das so?

1. Viele und nicht zuletzt die erfahrenen Verkäufer alter Schule glauben, die „eigene Methode" sei die einzige richtige. *„Keiner kann von meiner Verkaufstätigkeit mehr verstehen als ich, der ich das nun schon so viele Jahre betreibe."* Daher schlagen Sie die Erfahrungen und Lehren der anderen in den Wind, sie *„wissen es besser."* Dabei verkaufen Sie nach Methoden, die sie vor 10 Jahren mal gelernt haben und merken nicht, dass die Verkaufswelt eine völlig andere ist Willkommen in der neuen Welt VERKAUFEN 4.0!

2. Die Schuld an Misserfolgen wird von den Verkäufern gern anderen Ursachen zugeschoben, z.B. den Kunden, der Ware, dem Zeitpunkt der Lieferung, dem Vertriebsgebiet, der Vorgabe, der Konjunktur, dem Wetter, der Schwiegermutter, dem Boss – nur nicht sich selbst. Dadurch unterbleibt die nötige Selbstkritik, mit der erst die wahren Ursachen zu finden möglich ist und der Verkäufer lernt nichts aus den eigenen Fehlern.

3. Viele Verkäufer vergessen ihn ihrer Freude - keine direkt Absage bekommen zu haben - dass sie auch keinen Auftrag erhielten und vertrösten sich auf ein *„Morgen"*, das häufig nicht kommt. Willkommen in der unendlichen Welt der Nachfasstelefonate.

4. Die meisten sind weit schlechtere Verkaufspsychologen, als sie glauben. Sie überschätzen ihre Menschenkenntnis, behandeln ihre Kunden falsch, ohne es zu merken. Sie sind dazu noch so sehr von sich eingenommen, dass sie dem Kunden die Schuld des Misserfolgs zuschreiben.

5. Nur wenige Verkäufer unterziehen sich einem systematischen Verkaufstraining (oder werden dazu angehalten) mit darauf folgender Methoden- und Ergebniskontrolle in der täglichen Verkaufspraxis. Eine solche Ausbildung ist kein Kinderspiel. Es geht darum, Kenntnisse zu erwerben und Fähigkeiten zu entwickeln und eine entsprechende Einstellung zu erzielen.

Vor einiger Zeit habe ich mir das Buch: *Wie man Kunden gewinnt* von Heinz M. Goldmann noch einmal vorgenommen. Das Buch erschien erstmalig 1952 und war äußerst erfolgreich. Im Vorspann schreibt Goldmann:

Gewidmet
- dem Verkäufer,
- dem Diener seines Unternehmens,
- dem Freund seiner Kunden,
- dem Botschafter seines Berufes!

Ich habe mir das Buch 1975 gekauft, als ich in den Vertrieb ging und dafür 38 DM bezahlt. Das war für mich eine der besten Investitionen, die ich damals getätigt hatte. Das Buch kostete 38 DM, das war der Preis. Doch was habe ich herausgeholt? Nachdem ich einige Punkte umgesetzt hatte, verfügte ich über ein sechsstelliges Jahreseinkommen – das Buch hatte bereits damals für mich einen Wert von tausenden von DM.

Verkaufen ist beinahe so alt wie die Menschheit selbst. Etwas wirklich Neues, eine Erfindung von einschneidender Bedeutung hat für uns Verkäufer das Internet mit sich gebracht. Bevor du heute den Namen deines Gesprächspartners gegoogelt hast, hat er dich schon längst unter die Lupe genommen und kennt dich bestens. Was kennst du von ihm? Hast du nachgeschaut unter Google, XING, LinkedIn, Facebook oder Twitter?

Das Internet hat unser Kaufverhalten radikal verändert, deine Kunden sind heute viel aufgeklärter als noch vor fünf Jahren. Deshalb ist es auch für dich wichtig, die Möglichkeiten des Internet und der sozialen Netzwerke intensiv zu nutzen.

Was das für dich bedeutet: Internet, Smartphone und social-media haben die Welt des Verkaufens grundlegend verändert – wir befinden uns im VERKAUFEN 4.0!

Von allen diesen Themen hatte Goldmann keine Ahnung, doch seine Einstellung zum Verkaufen hat mich stark geprägt. Für mich steht weniger das VERKAUFEN (Hardselling) im Vordergrund, sondern dass ich Gespräche führe, bei denen alle Partner ein *„gutes Gefühl"* haben. Das führt zu einer entspannten Atmosphäre und der Verkauf ist nur noch reine Nebensache.

Doch auch hier gilt mein Spruch:

Verkaufen ist Arbeit.
Erfolgreich Verkaufen ist harte Arbeit.

In diesem Sinn wünsche ich dir viel Spaß beim Lesen, beim Umsetzen und weiterhin *„fette Beute im Tagesgeschäft"*

Werner F. Hahn
Verkaufstrainer + Fachbuchautor

Schritt #1: Das Basiswissen

Hier kommen einige Tipps, die dir dabei behilflich sind, deinen Verkauf so schnell wie möglich zu steigern.

In der heutigen wirtschaftlichen Situation suchen Unternehmer – sowohl Handwerker als auch Mittelständler – nach Möglichkeiten, den Verkauf zu steigern. Hinzu kommt, dass – aufgrund der Geiz-ist-geil-Werbung - viele Konsumenten gewillt sind, weniger zu bezahlen und damit der Profit der Unternehmen auf der Strecke bleibt. Dies führt wieder dazu, dass weniger Geld für Anzeigen, Flyer, Internetauftritte etc. zur Verfügung steht. Die Konsequenz für die Unternehmer: noch intensiver zu arbeiten und nach Wegen zu suchen, um für weniger Geld an qualifizierte Interessenten zu kommen um letztlich mehr Aufträge zu erzielen.

Jetzt folgen einige Tipps, die für mehr Termine und mehr Aufträge führen. Diese Tipps sind alle im Feld -zigfach ausgetestet und können von dir direkt umgesetzt werden.

Qualifizier deine Interessenten

Wenn dein Budget knapp bemessen ist und deine Zeit wichtig ist, dann solltest du einen Weg wählen, der schnell zu deinen Zielen führt. Geht es darum, jetzt qualifizierte Interessenten zu finden, dann solltest du sie auch auf kurzem Wege qualifizieren. Dazu solltest du ein Dokument erstellen, in dem die Anforderungen aufgelistet sind und dein Interessent schnell erkennt, welche Vorteile und welchen WERThaltigen Nutzen deine Produkte und Dienstleistungen bringen. Andererseits sind sicher ihre Ziele leichter durch den Einsatz deiner Produkte zu erreichen.

Bau Vertrauen auf

Preis und Produkteigenschaften sind schon Kaufgründe, wichtiger noch sind Fingerspitzengefühl, Eindrücke und ein harmonisches Verhältnis, eine entspannte Beziehung. Du solltest immer daran denken, dass auch deine Kunden eher aus emotionalen Gründen kaufen als aus rationalen Gründen. Zeig deinem Gesprächspartner, dass du vertrauenswürdig bist und die Basis für Vertrauen ist die Wahrheit. Mit anderen Worten mach keine Versprechungen bei einem qualifizierten Interessenten, die du nicht einhalten kannst. Besser ist es, weniger zu versprechen und mehr zu liefern: Geh die Extra-Meile.

Was ist deine Einzigartigkeit, dein USP?

Deine Produkte und Dienstleistungen haben unterschiedliche Merkmale, Vorteile und Nutzen. Stell sicher, dass diese eine gewisse Einzigartigkeit haben und sich von den Produkten deiner Konkurrenz unterscheiden. Diese Botschaft solltest du klar und deutlich an deinen Gesprächspartner adressieren.

Der WERThaltige Nutzen ist immer konkret greifbar und vor allem bei jedem Kunden individuell und wird im Zusammenhang mit den einzelnen Kaufmotiven wahrgenommen. Es ist für deinen Verkaufserfolg viel wirkungsvoller, die wichtigsten Nutzenargumente und damit verbundene gute Gefühle für deinen Gesprächspartner zu formulieren, als Produktmerkmale und Vorteile zu verkaufen.

WERThaltiger Nutzen stellt die Übersetzung der Vorteile dar: In wieweit wird dein Produkt dem Kunden ganz konkret helfen, weil es seinen konkreten Bedarf deckt? Auf dieser Argumentationsschiene hast du die mit Abstand höchste Erfolgschance.

Hierzu ein Beispiel:

Beim Einkauf eines Anzugs/Kostüms sagt dir der Verkäufer: *„Dieses Modell ist jetzt auch knitterarm."*
Das sagt dir nicht viel und du wirst auch nicht angeregt, deine Gedanken in eine bestimmte Richtung zu lenken. Der Verkäufer steuert dein Denken nicht.

Sagt dagegen die Verkäuferin: *„Herr Hahn, dieser Anzug ist knitterarm, und das bedeutet für Sie als Verkaufstrainer, dass selbst nach 200 KM Autofahrt keine Druckfalten Ihr Sakko verunzieren und Sie bei Ihrem Kunden eine gute Figur abgeben – wie wichtig ist das für Sie?"* dann hat sie meine Gedanken geführt. Sie hat mir deinen konkreten WERThaltigen Nutzen aufgezeigt.

Schritt #2:   Realistische Ziele setzen

Ein Ziel ist immer ein Traum mit einem Plan. Ein interessantes Märchen.

Persönliche Ziele starten immer mit Gedanken und Träumen. Geschäftliche Ziele haben vielleicht auch diese Attribute, aber in den meisten Fällen werden dir die Geschäftsziele doch von deinem Vorgesetzten übergeben. Verkaufsziele, Verkaufspläne, Zielerreichung und Zielerfüllung, Abschlussquoten, Verkaufstrichter, A-B-C-Planung, CRM-Hosting und andere Vergleichszahlen für dich, um sie für die ANDEREN zu erreichen.

Und dann hast du das Ziel, die Ziele deiner Vorgesetzten zu erreichen. Und einige Verkäufer machen das so. Aber viele (die meisten) machen es nicht. Die Führungskräfte titulieren solche Verkäufer, die die Vorgesetzten-Ziele nicht erreichen, als *„schwach"*. Deswegen übernehmen Sie auch keine Schuld oder Verantwortung für diese *„schwachen"* Mitarbeiter.

Die einzige Aufgabe für deine Führungskraft: Die besten Verkäufer finden und sie zum dauerhaften Erfolg führen!

Sicher kennst du jetzt deine Ziele. Was immer sie auch sind: die USA besuchen, Japanisch lernen, Urlaub in der Karibik, Haus kaufen, neues Auto kaufen, schlanker werden, mit dem Rauchen aufhören, Heiraten, Scheidung, Kinder kriegen, mit der neuen Flamme zusammenziehen, deine Kinder endlich aus dem Haus befördern – du hast deine eigenen PERSÖNLICHEN Ziele.

Beim Duschen fiel mir ein, warum Ziele erreicht werden und warum Ziele nicht erreicht werden. Es dreht sich alles um die immer wiederkehrende alte Definition über Ziele, die mich ganz schön nervt: *„Ein Ziel ist ein Traum mit einem Plan."* Diese Aussage ist falsch und gefährlich. Sie sagt aus, dass du nur dann deine Ziele erreichst, wenn du auch einen Plan hast. Ich mach das nicht. Ich mache nur wenige Pläne, aber ich erreiche hunderte, ja tausende von meinen Zielen.

Da gibt es in meinem Leben viele Ziele, die kein Traum sind. Oder erträumst du deine Zielvorgaben für 20xx? Nein, sicher nicht! Du kriegst von deinem Vorgesetzten eine Mail oder ein Blatt Papier, wo alles drauf steht. Das sind keine Träume, eher Alpträume. Meine erste Reise in die USA war kein Traum. Plötzlich hatte ich den dringenden Wunsch in die USA zu reisen und ich habe die Gelegenheit beim Schopf ergriffen. Kein Traum – kein Plan; nur ein Flugticket von American Airline, mein Reisepass und einige Dollars. Um es genau zu sagen waren es pro Tag 25$ für die Verpflegung und Spritgeld.

Hier kommen die unterschiedlichen Faktoren, die meiner Meinung nach den Traum näher umreißen und erfassen.

- DENKEN. Ideen kommen bei dir hoch. Schreib sie auf.

- TRÄUME UND TAGTRÄUME. Sie regen dein Gehirn an, Möglichkeiten auszumalen und zu denken, was wäre wenn...

- BEOBACHTEN. Schau auf die Welt und auf deine Welt und stelle fest, was du in deinem Leben wirklich sein willst, tun willst und auch besitzen willst.

- GELEGENHEITEN. Erkenne sie. Verstehe sie. Uns mache einen Vorteil daraus.

- RISIKOTOLERANZ BESTIMMT DAS ERGEBNIS. Wenn das Ziel für dich zu riskant ist, wirst du die Finger davon lassen. Du musst das Risiko einplanen.

- KÖNNTE. WOLLTE. SOLLTE. Das sind die Worte von den Menschen, die nichts riskieren. Ich *könnte* ein Anwärter auf die Position sein. Ich *könnte* dann erstklassig sein und *wäre* eine Persönlichkeit. Träum weiter Fritz!

- WUNSCH. Die Stärke deines Wunsches wird die Dauer bis hin zum Ergebnis bestimmen.

- WILLE. Willst du es wirklich ganz intensiv? Wie beim „*Wunsch*" bestimmt der Level des Willens die Zeitdauer bis hin zum Ergebnis.

- BEDÜRFNIS. Die Umstände der Bedürfnisse sind intensiver als der Wunsch oder der Wille. Die Intensität deiner Bedürfnisse bestimmt auch die Stärke deiner Handlungen zur Zielerreichung.

- ABSICHT. Den Handlungen muss eine Absicht vorausgehen. Wenn du nichts beabsichtigst, wirst du nichts erreichen, selbst wenn du es willst. Was sind deine konkreten Absichten?

- BESTIMMUNG. Wenn es ein berufliches Ziel ist, musst du Zeit zum studieren und vorbereiten aufwenden. Wenn es ein persönliches Ziel ist, musst du kontinuierlich kleinere Zeitabschnitte aufbringen, um nach und nach das Ziel zu erreichen. Eine große Reise beginnt immer mit ersten kleinen Schritten.

- AUSDAUER. Das ist der Motor, der dich permanent antreibt.

- AKTIVITÄTEN FÜR DEN TAG ODER FÜR DEN MOMENT. Pläne wechseln, Aktivitäten finden im Jetzt statt. Fang an und mach jeden Tag etwas dafür.

- FÄHIGKEITEN. Es kann sein, dass deine Fähigkeiten dich am Ergebnis hindern. Dann solltest du analysieren, studieren, ausprobieren oder die Hilfe von anderen (Coach/Mentor) in Anspruch nehmen.

- LIEBE DAS WAS DU TUST ODER WAS DEIN ZIEL IST. Liebe entfacht Leidenschaft und Begeisterung. Leidenschaft und Begeisterung weckt Tatendrang. Tatendrang führt zu konkreten Ergebnissen.

- FÜR WEN UND WARUM. Wenn du gute Gründe hast, bringt es dir zusätzliche Motivation. Sei kein Märtyrer. Tu es in erster Linie für dich selbst. Wenn du verstehst für wen und warum du es tust, wird es dir zum Erfolg verhelfen – stärker als andere Aspekte dieses Prozesses.

- SELBSTVERTRAUEN IN ALLEN PHASEN DES PROZESSES. Du musst erst an DICH glauben, bevor du an das Erreichen deiner Ziele denkst. Stell dir vor, dass du es kannst.

- BERUFUNG. Wenn sich dein Ziel von deiner Berufung unterscheidet, wird die Leidenschaft fehlen, es in die Realität umzusetzen.

- VISUALISIEREN. Visualisiere deine Ziele und hänge sie dorthin, wo du sie täglich siehst (zum Beispiel am Badezimmerspiegel).

- UNTERTÜTZUNG UND AUFMUNTERUNG. Wenn andere dich anfeuern und dir Rückendeckung geben, ist es ein mentales Wunder.

- DAS GLÜCK. Es ist der Zeitpunkt, wenn das Glück und die Gelegenheit zusammentreffen. Das ist der Moment, wenn du gefordert bist, zuzugreifen. Gewinne dadurch etwas für dich selbst und deine Liebsten. Erfolg. Erfüllung. Du hast das Ziel erreicht und hältst es fest.

BESONDERER HINWEIS: Wenn du das bekommst, was du dir wünschst, sei darauf vorbereitet. Mach was draus, sei bereit zu wachsen und gewinne deinen Vorteil daraus. Teile es mit Anderen und genieße es – aber übertreibe es nicht.

Hier gebe ich dir noch eine ganz einfache Formel, wie deine Ziele definiert sein sollen: SMART. Das bedeutet:

S	Spezifisch und klar	Ist das Ziel klar und eindeutig definiert? Woran erkennst du, dass dein Ziel erreicht ist?
M	Messbar	Sind Ausgangssituation und Endzustand mit Messgrößen versehen? Wie und woran erkennst du, dass du deinem Ziel näher kommst, am Ziel angekommen bist?
A	Attraktiv, als ob jetzt...	Ist das Ziel für Kunden, Interessenten und Mitarbeiter attraktiv? Formuliere dein Ziel immer so, ab ob es bereits erreicht wäre!
R	Realistisch	Lassen sich die Ziele realistisch umsetzen? Dein Verstand muss glauben können, dass es möglich ist.
T	Time	Hat das Ziel ein konkretes Datum? Plane, wenn möglich, nur Erfolgsstufen statt fixe Zeitstufen.

Wie sehen deine konkreten Ziele aus? Persönlich und geschäftlich? Setzt du dir realistische Ziele nach dem Smart-Verfahren, dann wirst du diese Ziele runterbrechen auf jeden einzelnen Punkt, den du täglich erreichen willst. Daraus entsteht ein Aktivitätenplan, der dir deine klaren Ziele immer vor Augen führt.

Mein Tipp: Amerikaner sagen: *„Start with the end in mind!"* Oder wie ich es übersetze: *„Starte immer mit dem konkreten Ziel im Kopf!"*

Glaube an dich, deinen Sieg und deine vielen Möglichkeiten.

Ach, ehe ich es vergesse:

Denk an das TUN – an das aktive Umsetzen.

Schritt #3: Die Bedeutung deiner positiven JA!-Einstellung

Jeder von uns hat doch das Ziel, im Leben glücklicher und zufriedener zu sein, mehr zu erreichen, erfolgreicher zu sein.

Und die Basis für alle diese Punkte ist doch die Einstellung – die positive Einstellung - deine positive JA!-Einstellung.
Jeder von uns – auch du – weiß das natürlich. Aber die meisten Menschen kennen ihre positive Einstellung immer noch nicht.

- Die meisten Menschen konzentrieren sich nicht auf ihre Einstellung.
- Die meisten Menschen trainieren nicht ihre Einstellung.
- Die meisten Menschen praktizieren keine Einstellung.
- Die meisten Menschen leben nicht nach den Prinzipien der Einstellung.
- Die meisten Menschen haben noch nie ein Buch über Einstellung gelesen.

Gehörst du auch dazu?

Ich bin überzeugt davon, dass ich bereits mit einer positiven Einstellung auf die Welt gekommen bin. Ich glaube, dass das auch bei dir der Fall gewesen ist. Ich habe fast fünfundzwanzig Jahre gebraucht, um meine Einstellung zu entdecken. Ich würde mich wundern, wenn du deine Einstellung schon entdeckt hast.

Hier gebe ich dir eine Redewendung mit, die du sicher schon mal gehört hast: *„Einstellung ist alles!"*

Lass mich diese Redewendung - speziell für dich - weiter analysieren. Deine Einstellung kontrolliert, regelt, beeinträchtigt und bestimmt deine Karriere, deine Familie, dein persönliches Leben und dich. Sie bestimmt deine Beziehungen, deinen geschäftlichen Erfolg und deine Gesundheit.

Was ist nun der Unterschied zwischen einer „positiven Einstellung" und einer „positiven JA!-Einstellung"? Geschieht etwas außergewöhnliches, dann rufst du ja nicht: „*Positiv!*" sondern du rufst mit Begeisterung: „*JA!*" Das ist wichtig und zusätzlich besonders aussagekräftig, wenn du diesen Unterschied erkennst.

Welche Sprache sprichst du? Nein, ich meine nicht Englisch, Französisch oder Russisch. Ich meine eine positive oder negative Sprache. Die Sprache deiner Einstellung.

Irgendwann habe ich zuletzt am Fenster gestanden und den Regen draußen beobachtet. „*Heute wird wieder ein schlechter Tag,*" sagte ich zu meinem Partner. „*Ich glaube nicht,*" sagte er in einem moderaten Tonfall (er kam aus Hamburg...). Er gehört zu den Leuten, die mehr über den Tag nachdenken und weniger über das Wetter

Es sind deine Worte, die dazu beitragen, wie positiv oder negativ dein Tag heute wird. Ein schlechter Tag startet damit, wie du über den Tag denkst und sprichst. Es geht nicht um das Wetter draußen. Es geht um das Wetter innen drin – in dir und deinen Gedanken.

- Wie ist das Wetter, wo du lebst?
- Wie ist das Wetter, wo du arbeitest?
- Wie ist das Wetter, wo du deine Freizeit verbringst?
- Wie ist das Wetter, wo du nachdenkst?

Die positive Einstellung wird ja auch gerne definiert als „So wie du mit Leib und Seele dabei bist, bestimmt deine Art zu denken".
Denke immer „JA!"

Positiv denken ist eine Selbst-Disziplin. Eine tägliche Selbst-Disziplin. Du kontrollierst das. Du tust das. Oder tust es nicht.

Positive Aktivitäten kannst du nur durchführen, wenn du positive Gedanken hast. Sobald du nicht positiv denkst, wirst du nicht positiv sein und du wirst keine positiven Aktivitäten starten.

Positive Gedanken bringen positive Gefühle.
Positive Gefühle bringen positives Handeln.

Es gibt viele Definitionen und Betrachtungen von Einstellung. Bücher wie zum Beispiel *„Wie man Freunde gewinnt: Die Kunst, beliebt und einflussreich zu werden"* von Dale Carnegie oder *„Denke nach und werde reich. Die Erfolgsgesetze"* von Napoleon Hill beinhalten Strategien, Philosophien und Geschichten von Frauen und Männern, die ihr Leben mit einer neuen positiven Einstellung verändert haben.

Du solltest dir diese Bücher zulegen und täglich 15 Minuten in ihnen lesen. Einstellung ist wichtiger als Verkaufen.

Es ist wichtiger, weil
- Deine Einstellung lässt den Verkauf aktiv starten und die Beziehung zu deinen Kunden und Interessenten wird immer intensiver und partnerschaftlicher
- Deine Einstellung ist das Heilmittel gegen die permanente Ablehnung

- Deine Einstellung lässt deine Persönlichkeit reifen und deine Kunden-Präsentationen werden von einer Begeisterung getragen

Übernimm das Leitmotiv von Aurelius Augustinus (354 bis 425 Kirchenlehrer und Rhetoriker in Rom):

„In dir muss brennen, was du in anderen entzünden willst."

Dann fühlen sich deine Kunden und Interessenten großartig und damit hast du sie in eine Kaufatmosphäre versetzt. So einfach ist das.

Schritt #4:   Ein harmonisches Verhältnis aufbauen

Da du jetzt weißt, wie du deine Ziele für das laufende Jahr mit SMART entwickelst, wird es Zeit daran zu gehen, wie du deine Kunden in eine entspannte Atmosphäre versetzt. Erinnerst du dich an meinen einleitenden Text zu diesem Buch? Mein Ziel: eine entspannte Atmosphäre im Gespräch schaffen, gute Gefühle erzeugen.

Was glaubst du wohl wird passieren, wenn dein Gesprächspartner die Dollarzeichen in deinen Augen blinken sieht? Wird er dir schnell einen Auftrag erteilen, weil du es nötig hast? Denkste, ein solches Verhalten bringt dich nicht weiter.

Es ist für dich sehr wichtig, deine Gesprächspartner in eine entspannte Atmosphäre zu bringen. Nur – wenn du schon einige Zeit im Verkauf bist, dann weißt du ja, wie anspruchsvoll es ist, zu jemandem zu gehen und ihm deine Produkte zu verkaufen. Denn diese Person hast du vorher nie getroffen.

Hinzu kommt, dass viele Personen eine Abneigung gegen Verkäufer haben und sie dich gerne mit Treppenterrier, Klinkenputzer und Drückern gleichsetzen. In ihren Augen bist du der Abdrücker aus dem Gebrauchtwagenmarkt. Geht es um die Akquirierung von neuen Kunden, dann ist natürlich eine großartige Konversation der ideale Eisbrecher.

Deswegen sollte immer dein Ziel sein, einen neuen Kunden zu gewinnen, der ein Leben lang bei dir immer wieder kauft. Nimm dir die Zeit, um deinen Interessenten und Kunden besser kennen zu lernen. Das ist einfach gesagt als getan. Du weißt ja auch, dass wir Menschen gerne reden, insbesondere über uns und unsere Erfolge. Deswegen empfehle ich dir, entsprechende Fragen zu stellen über die Familie, die Haustiere und über ihre Hobbies.

Erkennen deine Gesprächspartner, dass du wirklich an ihnen als Person interessiert bist und nicht der Abschluss im Vordergrund steht, wirst du ihnen immer sympathischer. Hinterlass das Gefühl, dass du gerne zuhörst und an ihrem Leben teilnimmst.

Dein Charisma, deine Ausstrahlung hilft dir, ein harmonisches Verhältnis aufzubauen. Mit Charme alleine wirst du nicht weiterkommen und Aufträge generieren.

Triffst du auf neue Interessenten, dann solltest du immer gut vorbereitet sein. Du weißt nie, wann und wo du einen Interessenten triffst. Viele Akquisitionsgespräche werden ja auch außerhalb des Arbeitsplatzes angebahnt. Meinem Trainerkollegen ist das passiert, als er für seinen Hund Futter in einem Spezialgeschäft gekauft hatte. Das ist ein idealer Platz, an dem Herrchen und Frauchen gerne über ihre Haustiere sprechen.

Die einfache Frage: *„Welchen Hund haben Sie denn?"* führt zu außergewöhnlichen Unterhaltungen. Denk aber daran, dass du diese Frage stellst, wenn sie auch Hundefutter im Einkaufswagen haben und nicht eine Tüte Vogelfutter in der Hand halten.

Der unstillbare menschliche Wunsch, die tiefste Sehnsucht des Menschen sind doch Anerkennung, Wertschätzung und Ernsthaftigkeit.

Der Schlüssel, Menschen für sich zu gewinnen ist sehr einfach: gib ihnen das Gefühl wichtig zu sein. Das wahre Geheimnis, anderen das Gefühl der Wichtigkeit zu geben, ist doch einfach zuhören. Zuhören ist kraftvoll und dynamisch. Je mehr du den Menschen zuhörst, umso enger wird die Beziehung zu ihnen sein. Wenn du zuhörst, fühlen sich deine Gesprächspartner ernst genommen, respektiert und bestätigt.

Unglücklicherweise reden Verkäufer mehr als sie zuhören. Warum ist das so? Wir denken nach und reden über uns selbst, über unsere Produkte und Dienstleistungen, über unsere Probleme und Leistungen. Der überwiegende Teil der Menschen, insbesondere die Verkäufer, machen sich überhaupt keine Mühe, anderen zuzuhören. Wenn sie nicht reden, dann denken sie darüber nach, was sie als nächstes sagen werden.

Nur wenn du zuhörst, bekommst du alle Informationen und kannst eine Beziehung aufbauen. Genau so geht es dir, wenn andere über sich selbst reden und du ihnen zuhörst. Gib ihnen das Gefühl wichtig zu sein und dadurch gewinnst du bei ihnen. Nur durch aufrichtiges Zuhören verlangt eine andere Person Selbstdisziplin, Selbstlosigkeit, Praxis und Geduld.

Es ist weder kompliziert noch komplex. Das ist das schöne an dem Beziehungsaufbau. Anders als die Komplexität beim Rapport verlangt der harmonische Beziehungsaufbau nur, dass du deinem Interessenten, deinem Kunden, deinen Boss oder deinem Kollegen einfach nur entspannt aktiv zuhörst.

Schritt #5: Den Verkaufstrichter füllen

Dein Gesprächspartner meldet sich nur, wenn sein Telefon klingelt.
Professionelle Telefonakquise - so füllst du deinen Verkaufstrichter

Frage: *„Was ist zu tun, damit ein Verkäufer sofort seinen Arbeitsplatz verlässt?"*

Antwort: *„Stell ihm ein Telefon vor die Nase!"*

Das ist ein Witz, den ich gerne auf meinen Trainings zur „Telefonakquise Verkaufstrichter füllen" erzähle. Kommt immer wieder gut an, da sich doch einige Teilnehmer direkt wiedererkennen: *„Akquise? Schleich dich, ich habe wichtigere Prioritäten!"*

Kennst du den stressintensivsten Moment für einen Verkäufer? Der Moment ist gekommen, wenn der Verkäufer den Hörer (oder das Smartphone) in die Hand nehmen und einen Interessenten anrufen soll! Okay, er hat immer noch die Hoffnung, dass sich am anderen Ende der Leitung niemand meldet.

Verkäufer schieben ihre dringende Telefonakquise auf die lange Bank und starten andere Aktivitäten, die – jetzt genau in diesem Moment – viel wichtiger sind als das Akquise-Telefonat.

Jede Ausrede – und ich spreche hier von jeder Ausrede – hat bei ihnen immer die allerhöchste Priorität. Und wenn ein Gesprächspartner am Telefon sagt: *„Das brauche ich schriftlich als Angebot"* schieben sie das Telefon spontan zur Seite und starten mit dem Angebot – obwohl der Gesprächspartner sagte, dass er in den kommenden drei Monaten keine Entscheidung treffen wird.

Bei ihren Vorgesetzten beschweren sich diese Verkäufer noch, dass keiner sich meldet, sobald sie anrufen. Jede weitere Argumentation in diesem Zusammenhang ist verschwendete Zeit.

Die zwei Glaubenssätze:

- *„Die Menschen wollen nicht mehr angerufen werden!"* und
- *„Kaltakquise ist ja so was von tot!"*

festigen sich immer mehr. Blödsinn.

Da habe ich noch einen kleinen Tipp für dich: dein Vorgesetzter hat dich als Verkäufer (oder als Key-Accounter, Business-Botschafter, Beratungs-Berater, etc.) eingestellt. Und VERKAUFEN ist ein Tu-Wort, ein Verb und es gibt da etwas zu tun.

Oder bist du als WARTER eingestellt? Du WARTEST darauf,

- dass dein Telefon klingelt,
- dass dich deine Interessenten anrufen
- dass deine Interessenten bei dir Schlange stehen
- dass deine Leadgenerierung auf „Automatik" gestellt ist.

Träum weiter, Fritz! Draußen laufen genug Bauernfänger rum, die das *„Blaue vom Himmel"* versprechen und ich kenne viele Leute, die sang- und klanglos untergegangen sind. Ihr Verkaufstrichter wurde leerer und leerer und irgendwann war er ganz leer.

Dabei ist doch Telefonakquise der zielgerichtete, effektivste und effizienteste Weg, um potentielle Kunden anzusprechen. Mit keinem anderen Medium hast du Gelegenheit, persönlich, direkt und zeitnah mit deinem Interessenten zu sprechen. Internet, social-media und Smartphone haben daran nichts verändert.

In diesem Sommer hatte ich ein zweitägiges Training „Telefonakquise Verkaufstrichter füllen" für ein Unternehmen. Der Geschäftsführer erzählte mir in der Vorbesprechung, dass das größte Problem seiner Mitarbeiter die Akquisition sei. Seine Aussage: *„Es fällt uns immer schwerer die Mitarbeiter dahingehend zu motivieren, dass sie den Telefonhörer in die Hand nehmen, akquirieren und ihren _Verkaufstrichter füllen."*

Am ersten Trainingstag nahm er mich – noch vor der Begrüßung – zur Seite und sagte: *„Ich hoffe, ich bringe Sie nicht in eine unangenehme Situation. Wir haben über die derzeitige Situation in unserer Branche noch nicht mit den Verkäufern gesprochen und es wird weiterhin viel zu wenig akquiriert. Sie haben ja auch ein Training on the job vorgesehen mit Life-Telefonaten – versprechen Sie sich nicht all zu viel davon."*

Am zweiten Tag starteten wir mit unserer Telefonakquise „Verkaufstrichter füllen": Life-Telefonate mit Interessenten und Kunden.

Schwerpunktaktivitäten waren:

- Interessenten qualifizieren und disqualifizieren
- Terminvereinbarungen
- Verkaufen direkt am Telefon
- Wandeln von Angeboten in Aufträge (Nein, nicht „Nachfassen von Angeboten" – Nachfassen kann nun wirklich nicht das Ziel eines Verkäufers sein)

- Produkt-Ankündigungen
- Sonderverkäufe
- Einladungen zu Schulungen und Seminaren

HURRA! Das Ergebnis mit 9 Verkäufern:

- 396 Wählvorgänge
- 56 Nettokontakte mit:
- 41 Terminen
- 8 Auftragszusagen
- 7 Absagen

Das heißt also, das jeder Verkäufer im Schnitt mit ca. 6 Entscheidern (Nettokontakte) gesprochen hat. Da jedes Verkaufsgespräch am Telefon individuell und intensiv analysiert wurde, ergaben sich diese konservativen Zahlen. Im realen Leben (ohne Trainer/Coach) werden diese Zahlen mindestens doppelt so hoch sein.

Am Ende des Tages saß ich mit dem Geschäftsführer zusammen und wir schauten gemeinsam auf die Ergebnisse. Er war außer sich vor Freude – zum einen mit der Frage an mich: „Wann können Sie wiederkommen" und anderseits irritierten ihn die positiven Zahlen.

„Ich verstehe nun wirklich nicht, wie Sie zu diesen Ergebnissen kommen. Jeder im Vertrieb erzählt mir, dass niemand ans Telefon geht und dass die Interessenten schlecht zu erreichen sind. "

„Wer sagt denn so was?" fragte ich ihn.
„Unsere Verkäufer", sagte er.
„Sind das die gleichen Leute, von denen Sie sagen, sie wollen nicht telefonieren?" fragte ich weiter.

Und dann hörte ich, wie der Groschen bei ihm fiel.

Ist doch klar: *Wer meldet sich schon am Telefon, wenn es nicht klingelt?*

Oder positiv und zielorientiert ausgedrückt:
Dein gewünschter Gesprächspartner meldet sich nur dann am Telefon, wenn sein Telefon klingelt.

Vertrauen entsteht,
wenn ein Verkäufer in seinem ersten
Gespräch intelligente und auf eigenem
Wissen basierende tiefergehende
Fragen stellt.
Er hört dem Kunden zu und
zeigt durch Nachfragen,
dass er die Antworten des Kunden
und sein Geschäft versteht.

Schritt #6: So setzt du Referenzen und Empfehlungen richtig ein

Frage von Oliver P.:

„Ich war immer der Meinung, dass es ein Kaufsignal ist, wenn der Interessent nach Referenzen fragt. Die Referenzen, die wir nach draußen geben, sind sehr sorgfältig ausgesucht. Außerdem haben wir von jedem das okay und trotzdem stelle ich keinen signifikanten Auftragseingang fest. Was machen wir verkehrt?"

Meine Antwort:

Jedes Unternehmen oder jeder Verkäufer sollte eine Liste von zufriedenen Kunden haben. Diese sollten auch bereit sind, mit einem neuen Interessenten zu telefonieren oder eine E-Mail zu beantworten. Das ist Schritt 1.

Sobald du diese Liste hast, wirst du mit dieser Liste sehr sorgfältig umgehen.

Gibst du diese Liste an deine potentiellen Interessenten raus und hast wenige zusätzliche Aufträge, dann läuft in deinem Verkaufsprozess irgendetwas schief.

Du gehst auch das Risiko ein, dass du deine Kunden verbrennst, wenn du sie mit unqualifizierten Kundenanfragen bzw. mit Interessenten bombardierst, die den Weg nicht mit dir gehen wollen.

Deswegen ist es wichtig, eine ganz qualifizierte Frage zu stellen, bevor du weitere Aktivitäten startest. Fragt dich der Interessent: *„Können Sie mir einige Referenzen und Empfehlungen senden, mit denen ich Kontakt aufnehmen kann?"* dann sollte deine Antwort lauten:

„Ja, das mache ich sehr gerne, Herr Interessent. Folgende Frage an Sie: Nehmen wir an, Sie nehmen Kontakt zu den Referenzen auf und Sie erhalten ein sehr positives Feedback bezüglich unserer Produkte/ Dienstleistungen – was sind die nächsten Schritte und was ist das Ziel?"

Warum diese Frage so wichtig ist
Die Antwort deines Interessenten wird viel aussagen über den Stand deiner Gespräche und wo dein Interessent im Entscheidungsprozess steht.

Antwortet dein Interessent zum Beispiel:
„Okay, wir werden die Referenzen von den anderen Anbietern ebenfalls überprüfen und uns dann intern zusammensetzen und mit der besten Option die Abschlussgespräche führen."

Jetzt ist dein Interessent nicht bereit, den weiteren Weg alleine mit dir zu gehen. Du solltest weitere Gespräche führen und ihn von dem Nutzen deiner Produkte mehr überzeugen. Erst dann wird er erkennen, dass deine Lösung die richtige für ihn ist und du ihm sein Problem löst.

Es kann auch sein, dass du bisher mit der verkehrten Person gesprochen hast.

Direkt gesagt solltest du deine Referenzen und Empfehlungen nicht dazu einsetzen, dass ein Interessent erfährt, ob die Lösung für ihn okay ist. Es geht hier um vertrauensbildende Maßnahmen mit der Bestätigung, dass dein Angebot dazu beiträgt, die Probleme des Hauses zu lösen. Und das ist ein großer Unterschied.

Sagt jemand in der Art:
„Okay, wenn die Referenzen gut sind, dann gehen wir voran im Projekt."
Jetzt weißt du, dass sie deine Lösung gekauft haben und das ist nun wirklich ein großes Kaufsignal. Finde heraus, was die nächsten Schritte sind nachdem die Referenzen gecheckt worden sind.

Was zu tun ist, wenn es kein Kaufsignal ist
Dann bietet es sich an, folgendes zu sagen:
„Herr Interessent, Empfehlungen und Referenzen legen den Grundstein für unseren Erfolg. Ich habe viele Namen, Telefonnummern und E-Mail-Adressen von Geschäftsführern und Inhaber diverser Unternehmen. Alle sind bereit, mit denen zu sprechen, die mit uns im Geschäft vorangehen wollen. Für mich hört sich das im Moment so an, dass Sie noch nicht zu 100% von dem überzeugt sind, was Sie von mir gehört haben. Nehmen wir uns doch einige Minuten Zeit und sprechen über Ihre Anforderungen und wenn wir übereinstimmen, dann sprechen Sie mit einem zufriedenen Kunden, der unsere Produkte bereits erfolgreich einsetzt. Ist das ein fairer Vorschlag?"

Geh behutsam mit deinen Referenzen um.
Mit dieser Antwort wirst du vielleicht erreichen, dass dein Gesprächspartner alle Karten offen auf den Tisch legt. Du nutzt die Zeit sogar zu seinem Vorteil.

Gehst du so vor, wirst du sehen, wie deine Abschlussquote nach oben geht: mit den richtigen Referenzen und Empfehlungen.

Schritt #7: Nach Empfehlungen fragen

Nur für Feiglinge: So bekommst du mehr Empfehlungen! Weißt du, dass der überwiegende Teil der Verkäufer nicht nach Empfehlungen fragt?

Sie sind Feiglinge, Weicheier!

Sie haben Angst vor dem „*Nein*" des Gesprächspartners oder sie empfinden die Frage nach Empfehlungen als zu aggressiv oder sie meinen, dass der Kunde sie danach nicht mehr mag. Und damit vergeuden sie ein Riesenpotential für Neuaufträge.

Du weißt, dass Empfehlungen der einfachste und stärkste Weg sind, um deinen Umsatz zu steigern. Mit Empfehlungen kommst du viel leichter an neue Interessenten. Der Abschluss mit diesen Empfehlungen wird leichter sein, da du schon zu deinem bisherigen Kunden Vertrauen aufgebaut hast. Untersuchungen zeigen, dass du deine Abschlussquote über Empfehlungen um bis zu 70 % steigern kannst.

Es ist ja auch menschlich, wenn jemand ein Feigling ist. Aber es ist nicht okay, überhaupt nicht nach Empfehlungen zu fragen. Das ist dann töricht. Sechs Varianten, um auf passive Art nach Empfehlungen zu fragen:

Alles was du jetzt benötigst, ist ein System für ein passives Empfehlungs-Management. Es ist zurückhaltend und fragt diskret. Direkt zu fragen ist die beste Vorgehensweise aber ich gebe dir hier sechs Möglichkeiten, wie du den Ball trotzdem ins Spiel bringen kannst.

1. Schick eine E-Mail

Dies ist ein einfacher und schneller Weg, um bekannt zu geben, dass du an Empfehlungen interessiert bist.
Schreib in die Betreffzeile den Namen deines Kunden und schreib zum Beispiel:
„Herr Schneider, ich brauche Ihre Unterstützung"

Deine Botschaft sollte kurz und einfühlsam sein. Es sollte deine bisherige Beziehung berücksichtigen und deinen Wunsch beinhalten. Hier kommt ein Beispiel:

„Herr Schneider,
zuerst einmal herzlichen Dank für die bisher so positive Zusammenarbeit. Ich freue mich, wenn wir weiterhin so aktiv zusammenarbeiten wie wir das bisher erfolgreich gemacht haben.

Zweitens benötige ich Ihre Unterstützung. Viele meiner Geschäfte bauen auf Empfehlungen auf und die kommen von Kunden, die bereits seit einiger Zeit unsere Produkte und Dienstleistungen erfolgreich nutzen. Gibt es von Ihrer Seite einige Partner (Freunde, Geschäftskollegen etc.) die unsere Produkte ebenfalls zu ihrem Vorteil einsetzen könnten?

Über eine Empfehlung freue ich mich und sichere Ihnen schon heute zu, sie mit besonderer Aufmerksamkeit zu betreuen.

Danke Herr Schneider für Ihre Unterstützung!
Herzliche Grüße"

Es ist nicht erforderlich, deinen Kunden mit Details zu belästigen. Der Hinweis *„ ich brauche Ihre Unterstützung"* wird dazu führen, dass die Mail gelesen wird. Dieses Vorgehen ist freundlich und seriös. Kein Geschwätz, kein Muss. Später kannst du noch ein Folgetelefonat durchführen. Selbst wenn dir das schwer fällt, so hast du jetzt den Samen gesät.

2. Frag nach Empfehlungen in deinem E-Mail-Absender

Das ist eine weitere Möglichkeit, passiv nach Empfehlungen zu fragen. Der Satz kann wie folgt lauten:
„Empfehlungen sind herzlich willkommen!"

Das kannst du noch als einen Link darstellen. Sobald jemand darauf klickt, wird Outlook geöffnet und deine Adresse erscheint im Anschriftenfeld.

Verwende eine andere Farbe, schreib das in Fett oder Kursiv, so dass die Aufmerksamkeit gewährleistet ist.

Mein Ansatz hier besteht darin, dass bei einer Empfehlung dein Kunde nur einmal klicken muss, den Namen einträgt und die Mail absendet – ein ganz einfaches Verfahren.

Verwendest du ein bestimmtes System für deine Empfehlungen, dann Speicher die Adresse ab.

3. Verschick einen Brief

Einen Brief zu versenden ist so ähnlich wie der Versand einer Mail – immer mit werthaltigem Inhalt versehen. Nur ein Brief ist greifbarer und markant, weil der Kunde den Brief jetzt öffnen muss.

Um deinen Brief einzigartig zu gestalten, solltest du bereits die Anschrift in Handschrift schreiben – klar und deutlich vom Empfänger zu lesen.

Zusätzlich verwende noch eine besondere Briefmarke – verzichte auf einen Freistempler. Das sieht nach einer Massensendung aus. Gleichzeitig sieht der Empfänger, dass du dir Zeit für diesen Brief genommen hast.

Ein wichtiger Bestandteil eines Briefes ist das P.S. Untersuchungen zeigen, dass ein P.S. immer gelesen wird, in vielen Fällen wird zuerst das P.S. gelesen. Ein P.S. zieht das Auge magisch an. Zusätzlich kannst du sogar deine P.S.-Botschaft handschriftlich ergänzen. Bring an dieser Stelle zum Ausdruck, dass du mit den Empfehlungen besonders sorgfältig umgehen wirst.

4. Verschick deine Visitenkarten

Das ist eine weitere Möglichkeit, dass du deinen Kunden einige Visitenkarten zuschickst. Ich empfehle, einen Brief zu schreiben und dazu einige Visitenkarten hinzu zu fügen. Der Brief kann so geschrieben werden:

„Frau Berger, wenn Sie mit einem Bekannten (Geschäftspartner, Freund etc.) sprechen und diese Bedarf für unsere Produkte und Dienstleistungen haben, geben Sie doch bitte meine Visitenkarte weiter…"

Hier kommt der Tipp: Wir Menschen geben eine solche Empfehlung nur weiter, wenn wir absolutes Vertrauen zu dem Anfragenden haben. Insofern wirft das auch ein gutes Licht auf Frau Berger, zumal diese Information von ihr persönlich weiter gegeben wird.

5. Verschick eine Postkarte

Postkarten sind etwas weniger formal wie ein Brief, allerdings ist der Effekt der gleiche. Leg dir eine außergewöhnliche Postkarte zu und schreib auf der Rückseite deine Botschaft. Von großem Vorteil ist es, wenn du eine Karte findest, die die Persönlichkeit deines Kunden trifft. Ist dein Kunde ein humorvoller Typ, solltest du auch eine humorvolle Karte verwenden.

Eine Postkarte ist immer noch weniger förmlich als ein Brief. Sie deutet „keinen großen Deal" an. Die Karte weckt das Interesse deines Kunden und du wirst sicher eine Antwort erhalten.

6. Verschick ein Fax

In manchen Branchen werden mittlerweile gar keine Faxe mehr verschickt, in anderen ist es weiterhin eine willkommene Form der Kommunikation. Ein klassisches Fax erweckt immer noch die Aufmerksamkeit des Empfängers. Wie bei einem Oldtimer schauen wir zweimal hin oder lesen doppelt. Deine Botschaft kann die gleiche sein wie oben bereits angeführt.

Einige Unternehmen bieten sogar Kleinigkeiten an für eine bestimmte Anzahl von Adressen. So kenne ich ein IT-Unternehmen, das für fünf Empfehlungsadressen Süßigkeiten angeboten hat und die Erwartungen wurden weit übertroffen. Ein anderes Unternehmen hat einige Euro Provision angeboten – mit wenig Erfolg.

Ein Internet-Anbieter verschenkt einen Gutschein mit dem Hinweis:

Weitersagen lohnt sich:
„Reden ist Silber, Schweigen ist Gold! – nicht bei der IT-ABC GmbH. Berichten Sie den Menschen in Ihrem Umfeld von Ihren positiven Erfahrungen und werben Sie so einen neuen Kunden für uns. Als Dankeschön schenken wir Ihnen einen Amazon Gutschein im Wert von 50 Euro."

Zusammenfassung:

Der beste Weg um an Empfehlungen zu kommen ist und bleibt die persönliche Ansprache deiner loyalen Kunden. Aber wenn du noch nicht den Mut dazu hast, habe ich dir einige Vorschläge unterbreitet. Du wirst dich wundern, wie erfolgreich diese Tipps sein können.

Übrigens: Die besten Empfehlungen sind die, die du dir verdient hast.

Schritt #8: Sechs Wahrheiten, warum sie NICHT bei dir kaufen

Hält dich dein Gesprächspartner hin mit Aussagen wie

- „Rufen Sie in vier Wochen wieder an."
- „Das muss ich noch mit meinem Boss/Partner/Ehefrau besprechen."
- „Wir sind noch interessiert, der Urlaub kam dazwischen."

dann ist das nicht die Schuld deines Gesprächspartners, sondern es ist DEINE Schuld.

In meinen über 30 Jahren im Vertrieb habe ich noch nie einen Verkäufer getroffen, der gesagt hat: *„Der Interessent hat den Auftrag an die Konkurrenz gegeben, es ist meine Schuld."* Oder *„Der Interessent gibt mir keinen Termin, ich hab's verbockt!"*

Gehörst du auch zu denen, die die Schuld gerne auf Andere schieben?

„Aber, Werner, das verstehst du nicht. Meine Situation ist ganz anders." Bist du empfänglich für die reine Wahrheit? Alles Quatsch, totaler Blödsinn was du mir da erzählst. Das einzige Wahre an deiner Geschichte ist, dass du lieber jemanden anders die Schuld gibst - als dir selber.

Der Schlüssel liegt darin, die Verantwortung für den noch nicht getätigten Verkauf zu übernehmen und *tiefergehende Fragen* zu stellen, um deinen Gesprächspartner dazu zu bringen, dass er dir mehr darüber erzählt, warum er sich noch nicht zum Kauf entschließt. Er hat nicht NEIN gesagt, also hast du seine Antworten auf deine Fragen noch nicht bekommen.

Wir Menschen sind ja gerne mit unseren eigenen Problemen beschäftigt und dein Gesprächspartner interessiert sich die Bohne für deine Produkte.

Es sei denn, er sieht einen Vorteil oder sogar einen WERThaltigen Nutzen für sich und sein Unternehmen.

Sagt dir dein potentieller Interessent: *"Am Donnerstag gegen 13 Uhr ist alles in trockenen Tüchern"* dann ist das für dich die absolute Deadline. Deine Antwort sollte in dem Fall sein: *"Okay, dann bin ich am Donnerstag um 14 Uhr bei Ihnen, um die gute Nachricht persönlich entgegenzunehmen."*

Jetzt kommen wieder die *"Verkäufer"* um die Ecke mit ihrem Hinweis: *"So kannst du das doch nicht sagen!"* Doch, liebe Freunde des Verkaufs, so klipp und klar kommt meine Ansage und ich weiß, dazu gehört MUT (der fehlt den meisten Verkäufern). Oder willst du lieber in der telefonischen Nachfassschleife tage-, wochen-, monatelang hängenbleiben?

Die gute Nachricht: Du hast doch nichts zu verlieren oder wie du es von mir kennst POSITIV ausgedrückt:

Du kannst doch nur gewinnen!

Und wenn dein Gesprächspartner sich scheut, ein klares NEIN zu sagen, dann konfrontierst du ihn mit der Entscheidung, doch solltest du ein wenig Verständnis zeigen. Deine weitere Aufgabe: Fragen stellen, um konkret herauszufinden, warum er die Entscheidung verschiebt.

Bist du in dieser Situation bereit, das Risiko einzugehen, den echten, den wahren Einwand zu hören?

Nutze gescheiterte oder harte Verhandlungen immer als Lernerfahrung. Prüf, wie weit du gehen kannst, um die Wahrheit ans Licht zu bringen.

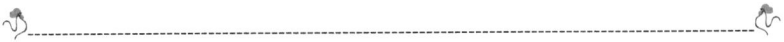

Hier kommen sechs schmerzhafte Wahrheiten für dich:

1. Du hast noch nicht genügend Bedarf erzeugt.
2. Du hast die wahren Einwände noch nicht aufgedeckt.
3. Du hast nicht genügend Dringlichkeit erzeugt.
4. Du hast deinen potentiellen Interessenten nicht von deinem WERThaltigen Nutzen überzeugt.
5. Du hast nicht genügend Vertrauen aufgebaut.
6. Du hast nicht genügend Selbstvertrauen gebildet, oder?

Was du tun solltest:

- Gib die Schuld nicht dem Kaufinteressenten.
- Beklag dich nicht über seine Ausreden.
- Finde seine wahren Einwände heraus.
- Finde eine Lösung für diese Einwände.
- Versuch dein Bestes, um diese Einwände zu entkräften und schließ den Verkauf ab.
- UND sorg dafür, dass sich dieser Einwand nie wiederholt.

Die Verantwortung liegt nur bei dir. Ist dein Verkaufsgespräch erfolglos, dann übernimm dafür die Verantwortung. Halte deinen Kopf hoch und geh in das nächste Verkaufsgespräch.

Schritt #9: Der Unterschied zwischen Kunden-Zufriedenheit und Kunden-Loyalität

Hast du schon mal den Satz: *„Er oder sie ging die extra Meile?"* gehört? Ich will heute mit dir über diese „extra Meile" sprechen. Du sollst diesen Satz verstehen und auch umsetzen, damit du Kunden-Loyalität aufbauen kannst.

Die „extra Meile" ist eine besondere Aktivität, die ein „WOW" (= wonderful outstanding way – wunderbar herausragende Art und Weise) in der Ansicht des Kunden oder eines Arbeitskollegen zur Folge hat. Es ist eine unerwartete, außergewöhnliche Handlung. Aber bevor eine „extra Meile" gegangen wird, ist eine besondere Einstellung und eine Änderung der Denkweise von demjenigen erforderlich, der sie gehen will.

Ich will darüber sprechen, woher der Begriff *„extra Meile"* kommt, wo die vielen Geschichten über diese zwei Worte herkommen und wie stark und mächtig sie sein können. Des weiteren will ich dir erläutern, wie ein Unternehmen von gut, zu großartig bis hin zu Weltklasse gelangt – in dem es die Kraft und die Disziplin der internen und externen Loyalität einsetzt – kombiniert mit den richtigen Aktivitäten zur richtigen Zeit – nein, lass es mich so ausdrücken: in dem sie die BESTEN Aktivitäten starten für ihre Mitarbeiter, für ihre Kunden und sogar für dich selbst.

Die *„extra Meile"* wird immer von DIR gegangen. Und die Geschichten rund um diese *„extra Meile"* kommen auch von DIR – sie basieren darauf, wie du reagierst, wie du antwortest, wie du ankommst und wie du gewinnst. Immer unter Berücksichtigung, wie du dein gesamtes Wissen zum Wohle des Kunden zeitnah einsetzt.

Im Normalfall beginnt ja die *„extra Meile"* immer dann, wenn etwas schief läuft oder etwas deine besondere Aufmerksamkeit beansprucht. Das Wetter. Der Anruf bei der Technik. Das abgestürzte System. Die Inventur. Die Lieferung. Der Einsatz von Arbeitskollegen. Kundenwünsche. Oder wenn Störfälle oder Unfälle immer dann eintreten wenn du nicht damit rechnest. Jetzt bis du wieder gefordert und deine Kundenloyalität wird davon abhängig sein, welche Maßnahmen von dir eingeleitet werden.

Es hängt von deiner Einstellung ab, ob du die Chance einer "extra Meile" erkennst und aktiv etwas daraus machen willst. Bist du in schlechter Verfassung oder hast du schlechte Laune? Egal was an diesem Tag auch dazu geführt hat – es liegt an dir, es zu verändern. Selbst wenn etwas von Negativ zu Positiv sich wandeln wird: du siehst es einfach nicht. Du starrst darauf wie das Kaninchen auf die Schlange und du weißt: *„Noch etwas Schlechtes an einem schlechten Tag."*

Über eins sind wir uns im Klaren: Schlechte Tage sind immer selbst verschuldet. Du produzierst sie selbst. Und wenn du dir diese schlechten Tage zubilligst, wirst du sie auch auf andere übertragen.

Damit die *„extra Meile"* eintreten kann und daraus eine besondere Story sich entwickelt, musst DU - die wichtigste Person auf der Welt - mental darauf vorbereitet sein um sie zu realisieren. Vielleicht hast du schon mal von mir den Satz: *„Jeder Einwand ist ein Kaufsignal"* gehört. Oder den Satz: *„Wenn es Zitronen regnet, produzier Limonade."* Das sind einfache Sätze ohne Einwände und es regnet nun wirkliche KEINE Zitronen.

Allerdings solltest du immer gerüstet sein mit einer Tüte Zucker und einer Zitronenpresse auf deinem Schreibtisch. Und in deinem Geiste bist du vorbereitet auf Beschwerden und alle Arten von Einwänden. Dein erster Gedanke ist immer: *„Um was geht es hier genau?"* und dein zweiter Gedanke: *„Wie kann ich unterstützend tätig werden?"*

Und dann gibt es hier noch den *„extra Meile"*-Zusatzpunkt: „TUE ICH WIRKLICH MEIN BESTES?" Das ist zum einen eine Frage, die du dir jeden Tag stellen sollst. Es ist zum anderen dein tägliches Mantra, welches dich durch dein ganzes Leben erfolgreich begleiten wird.

Das Richtige tun (Effektivität) und dazu das Richtige auch richtig tun (Effizienz) – dann hast du auch die richtige Einstellung und der Prozess der *„extra Meile"* wird kontinuierlich fortschreiten.

Es funktioniert, da du es funktionieren lässt.

Es passiert, weil du es passieren lässt.

Ich gebe dir noch ein Versprechen: Jede Woche erlebst du selbst eine Geschichte über deine *„extra Meile"*. Deine Aufgabe ist es sie zu verstehen, zu dokumentieren, von ihr zu lernen und dir diese persönliche Verhaltensweise eigen zu machen.

Wenn du das alles so erledigst, wirst du keine Geschichten mehr über deine *„extra Meilen"* erzählen, die Menschen werden die Geschichten über dich und deine *„extra Meile"* erzählen!

Kunden-Loyalität entsteht, sobald du loyale Aktivitäten im Auftrag des Kunden realisierst. Es sind nicht alleine die täglichen Dinge – es sind die täglichen Dinge die du BESTENS realisierst. Und wenn du dann noch kombinierst das BESTE JEDEN TAG mit der EXTRA MEILE WENN IMMER MÖGLICH dann hast du auch die Formel für Loyalität.

Das Geheimnis ist in diesem Artikel zweimal ans Tageslicht gekommen, aber ich will sicherstellen, dass du es auch verstehst und verinnerlichst. Die besten Aktivitäten verbunden mit der *„extra Meile"* sind nur dann zu realisieren, wenn deine Mentalität und dein Einstellung positiv sind.

Vieles ist in deinem Leben und in deiner Karriere möglich. Konzentrier dich darauf, dass du der Beste bist, dass du dein Bestes geben wirst und dass du die „extra Meile" gehen wirst.

Großes Geheimnis: Kundenloyalität steigert die Wertschöpfung deines Kunden, denn loyale Kunden kaufen mehr und sind weniger preissensibel. Sie helfen dir, Werbekosten zu sparen. Dein loyaler Kunde kommt immer wieder zu dir, er generiert auch dein Empfehlungsgeschäft (Mund-zu-Mund-Propaganda).

Wenn du die Loyalität deiner Kunden gewinnst, sicherst du dir mehr Umsatz und reduzierst gleichzeitig deine Kosten. Das Ersparte wird dein Unternehmen wieder loyalitätsfördernd investieren: in umsatzträchtige Investitionen und in kundenfokussierte Vertriebskollegen.

So erzeugst du eine Loyalitätsspirale, die sich automatisch immer weiter nach oben dreht.

Kundenloyalität zu verdienen ist eine Tagesaufgabe. Sie wird sicher nicht verdient mit einer einzelnen Aktivität. Es geht hier um Wiederholungen, Erneuerungen und Besonderheiten, bei denen du deinem Kunden etwas Außergewöhnliches lieferst, woran er noch lange und immer wieder denkt.

Das ist eine Mission in deinem Unternehmen, in die jeder Mitarbeiter eingebunden sein muss. Es sind außergewöhnliche Anstrengungen. Eine besondere Unternehmensphilosophie. Der Erfolg deiner Kunden hat einen höheren Wert als dein persönlicher Erfolg. Loyalität ist ein besonderes Gefühl. Es ist eine emotionale Vereinbarung, das Geschäft gemeinsam zum Erfolg zu bringen.

Hier geht es um die persönliche Beziehung und ein gutes harmonisches Verhältnis zu deinem Kunden und Interessenten. Du solltest deinem Kunden einen Grund geben, sich für dich zu interessieren. Und die beste Gelegenheit und Möglichkeit besteht ja darin, dass du dich für deinen Kunden interessierst. Es geht darum, deinem Kunden mehr zu bieten als nur ein Produkt oder Dienstleistung zu verkaufen. Es geht um Hilfe, um Unterstützung. Es geht nicht um ein kurzfristiges Geschäft für deine Provision sondern um eine langfristige Partnerschaft zum Wohle deiner Kunden.

Die Menschen sind loyal zu einer Marke. Die Menschen sind loyal zu einem Unternehmen. Aber sowohl die Marke als auch das Unternehmen sind sehr oft nur temporär. Eine negative Erfahrung und schon springen deine Kunden ab. Die allerbeste Loyalität, die werthaltige Loyalität ist die Loyalität von Mensch zu Mensch. Ein Kunde, der loyal zu einem Mitarbeiter ist, wird viele Jahre lang mit ihm Geschäfte machen, ihm Empfehlungen geben und ihm die Zeit geben, das Problem zu lösen, bevor es an die Oberfläche kommt.

Schritt #10: Glaubwürdigkeit und deine Marke

Hier kommt eine Frage, die mir von vielen Verkäufern so oder ähnlich gestellt wird: *„Werner, wie komme ich zu einem guten Namen in der Branche? Wie kriege ich einen eigenen Markennamen?"*

Hier kommen meine Erkenntnis, meine Definition und die richtige Antwort:

Im Verkauf kommt es nicht darauf an, wen du kennst.
Im Verkauf kommt es darauf an, wer dich kennt.

Die Herausforderung besteht heute nicht darin, dir einen Namen aufzubauen; es geht um die Erstellung der einzelnen Komponenten, die erst einen richtigen Markennamen für dich ausmachen.

Wie erreichst du mehr Anerkennung? Mehr Bekanntheit? Einen besseren und intensiven guten Ruf in deinem Markt und in deiner Branche? Das sind die Grundvoraussetzungen, die zu deinem guten Namen führe werden. Und damit das klar ist, es geht hier um dich als Person und es geht um dein Unternehmen.

Es gibt – wie so oft im Leben – keine einfachen Antworten. Und nur wenige Antworten beinhalten solche Worte wie Verpflichtung, gute Planung und Arbeit – harte Arbeit.

Die gute Nachricht: Der überwiegende Teil der Verkäufer ist nicht bereit, sich im Verkauf zu engagieren. Sie haben kein Interesse daran, hart zu arbeiten. Nur wenn sie hart arbeiten, wird ab einem gewissen Zeitpunkt der Verkauf viel einfacher für sie sein. Dann gehören sie nicht mehr zu den Topp-20%-Verkäufern, sondern zu Spitzengruppe der Topp-5%-Verkäufern.

Hinweis: Was ist der Unterschied zwischen den Jammerlappen und den Gewinnern? Die Jammerlappen beschweren sich über alles und suchen die Schuld immer bei den anderen, sie haben für alles eine Ausrede.

Zusätzlich haben sie Angst, ihren Job zu verlieren. Die Gewinner-Typen haben immer einen Plan, sie wissen exakt was zu tun ist, um zu gewinnen. Und sie haben für *alles* einen Plan. Zu welcher Gruppe gehörst du?

Besonders gute Nachricht: Wenn die gesamte Wirtschaft im Umbruch ist, ist es an dir, etwas zu verändern. Dazu sind neue Ideen gefragt.

Es gibt einige Punkte, die du unbedingt umsetzen solltest. Hier kommen einige Ideen, wie du dir einen guten Namen aufbauen kannst. Es sind keine Punkte für ein *„mach es jetzt und vergiss es"* sondern sind Punkte für „heute, morgen und übermorgen."

- Erstell deinen eigenen Newsletter mit werthaltigen Informationen für deine Kunden und Interessenten. Schau dir dazu mein wöchentliches Magazin *„sales vitamins – frische Vitamine für besseres Verkaufen"* an. Das sollte dein Vorbild sein.

- Registriere deinen Namen mit einer eigenen Internetadresse (www.deinName.de). Das ist eine Investition von weniger als einen Euro. Dazu brauchst du nur auf die Seite von www.1und1.de gehen und mit wenigen Mausklicks hast du deine eigene Adresse. Die ganze Welt ist heute vernetzt. Das Internet wird niemals irgendwann beendet sein. Du lebst im Informationszeitalter. Hier gebe ich dir die Adresse von Marcus Schink, der sich auf die Erstellung von Webseiten spezialisiert hat: www.schink-net.de.

- Investier in deinen eigenen Web-Auftritt. Dein Webauftritt sollte so gestaltet sein, dass deine Leser sofort erkennen, wo ihr WERThaltiger Nutzen liegt. Landschaftlich bunte Fotos sind nur dann sinnvoll, wenn du Landschafts-Fotograf bist. Starte zuerst nur mit einer Seite. Bring dort eine Liste mit 10 nutzenbringenden Punkten unter, was du derzeit anbietest. Später kannst du diese Seite erweitern mit Unterseiten etc.

- Zeig zu 100% Eigeninitiative. Das heißt: auf der einen Seite greifst du zum Telefon und rufst deine Interessenten an und zusätzlich erstellst du deine werthaltigen Informationen, die du dann an deine Interessenten verschickst. Pflege deinen Beziehungsaufbau und arbeite mit Referenzen.

- Schreib Fachartikel, die von deinen Kunden und Interessenten gerne gelesen werden. Biete deine Fachartikel auch anderen Internet-Verteilern an und je mehr Informationen du von dir gibst, umso mehr wirst du als Experte anerkannt und umso mehr fließt wieder zurück zu dir.

- Erstell zusätzlich einen Blog für dich und zeig deine persönliche Seite. Lass deine Leser daran teilhaben, wer du bist, welche Hobbys du hast und was dich besonders begeistert.

- YouTube. Erstell einige Videos mit deinen Angeboten und lass andere daran teilhaben. Deine Kunden und Interessenten erkennen deine Philosophie vom Verkaufen. Das bringt dir wiederum neue Kunden. Sie werden dich interessanter finden als deine lausige Konkurrenz.

- Vernetz dich in deiner Gemeinde, im Sportclub etc. Du hast auch hier die Möglichkeit, mehr Verantwortung zu übernehmen.

- Sei Google-abrufbar. Wach endlich auf, Fritzchen! Dein künftiger Gesprächspartner wird dich googeln, sobald er einen Termin mit dir hat. So wie du ihn googelst, wird er dich googeln. Deine Webseite, dein Magazin, deine Fachartikel und deine Fachbücher tragen dazu bei, dass du im Ranking von Google immer weiter nach oben kommst.

- Sei ein WERThaltiger Nutzenbringer. Tritt nicht als ein Verkäufer oder Bittsteller auf. Die Menschen werden nur bei dir kaufen, wenn sie den WERT erkennen. Und erst dann werden sie deinen Namen nach draußen tragen.

Die Zeit wird dein Freund sein. Sei geduldig. Investier in die Zeit. Nutze sie zu deinem Vorteil. Um dir einen eigenen Namen aufzubauen, brauchst du nun mal Zeit. Viel Zeit. Und dazu gehört deine persönliche Verpflichtung. Und dazu gehört Beharrlichkeit.

Dein Name bedeutet alles. Dein Name und dein guter Ruf im Markt sind miteinander verflochten. Diejenigen, die werthaltige Informationen zu ihren Kunden und Interessenten bringen, gewinnen kurz-, mittel- und langfristig.

Was sprechen die Menschen über dich? Sobald einer deinen Namen erwähnt, sagt er fünf wichtige Punkte über dich:

1. etwas Großartiges,
2. etwas Gutes,
3. Nichts,
4. etwas Schlechtes oder
5. sogar ganz viel Schlechtes.

Egal welchen von den fünf Punkten dein Gesprächspartner aufzählt, er bestimmt DEIN Schicksal.

Ich habe nur zwei Grundprinzipien für erfolgreiches Verkaufen:

Glaubwürdigkeit und Vertrauen!

Werner F. Hahn

Schritt #11: Solltest du deine Interessenten qualifizieren oder disqualifizieren?

Mit dieser 6-stufigen Checkliste ist das für dich ganz einfach.

Wie definiere ich einen qualifizierten Interessenten? Viele Verkäufer und auch Verkaufsleiter tun sich schwer, das genau zu definieren. Der Grund liegt einfach darin, dass sie sich nicht die Zeit nehmen, intensiv in Zusammenhang mit ihren Produkten und Dienstleistungen darüber nachzudenken. Deswegen verbringen ja auch 80% der Verkäufer ihre Zeit bei unqualifizierten Interessenten und hoffen darauf, irgendwann einen Auftrag zu ergattern. Dagegen konzentrieren sich die Topp-20%-Verkäufer auf ihre qualifizierten Interessenten. Sie haben ihre Hausaufgaben gemacht und setzen zur Qualifizierung ihre Checkliste ein.

Bevor 20%-Topp-Verkäufer in den Verkaufsprozess einsteigen, gehen sie sicher, dass alle Fragen der Checkliste beantwortet worden sind.

Die 6-stufige Qualifizierungs-Checkliste für dein Lead-Management:

1. Warum wird dein Interessent kaufen?
2. Warum werden sie nicht kaufen?
3. Wer trifft die Entscheidung?
4. Was ist alles in den Entscheidungsprozess mit eingebunden?
5. Wer ist der Mitbewerb?
6. Wie groß ist das Budget?

Als Verkäufer solltest du den Interessenten erst dann in deinen Verkaufs-Zylinder legen, wenn alle Fragen zu deiner vollen Zufriedenheit beantwortet worden sind. Hier kommen jetzt die spezifizierten Fragen zu der Checkliste:

#1: Warum wird dein Interessent kaufen? (Kaufmotive)

- Was sucht dein Interessent genau?
- Was sind ihre Kaufmotive?
- Was musst du sagen, um sie zum Kauf zu bewegen?
- Was ist ihnen wichtig?
- Warum haben sie zuletzt gekauft?
- Was wollen sie diesmal anders machen als vorher?
- Wenn sie das bekommen, was sie sich exakt wünschen, wie würde das aussehen?

Einige Fragen, um an die Kaufmotive zu kommen:

„Herr xyz, was wollen Sie damit erreichen?

„Was ist für Sie besonders wichtig, wenn Sie einen neuen Lieferanten auswählen?"

„Wenn Sie das alles bekommen was Sie sich wünschen (Produkt, Service, Lösung etc.), was passiert dann?"

„Warum haben Sie zuletzt (Produkt, Service, Lösung etc.) gekauft? Welches konkrete Ergebnis brachte Ihnen das?"

„Was müssen wir genau tun, damit sie uns den Auftrag erteilen?

#2: Warum werden sie nicht kaufen (Potentielle Einwände)

- Warum bekommen Sie ein anderes Angebot?
- Wo liegt der wunde Punkt?
- Was wollen Sie vermeiden?
- Warum haben Sie beim letzten Mal nicht gekauft?

- Warum holen Sie sich Angebote von mehreren Anbietern ein?
- Warum haben Sie so lange gewartet?
- Warum kaufen Sie nicht?

Einige Fragen, um potentielle Einwände aufdecken:

„Bei wem kaufen Sie gewöhnlich diese (Produkte, Service, Lösungen etc.) ein?"

„Haben Sie von denen auch ein Angebot vorliegen?"

„Warum wollen Sie diesmal einen anderen Lieferanten berücksichtigen?"

„Welche weiteren Lösungen sind sonst noch für Sie interessant?"

„Ich weiß, dass Sie schon einmal mit uns in Kontakt waren. Warum sind wir nicht zusammen gekommen?"

„Es hört sich so an, als hätten Sie diese Situation (nicht Problem) schon länger. Was hat Sie davon abgehalten, nicht schon früher daran zu arbeiten?"

#3: Wer trifft die Entscheidung?

- Wer trifft die Entscheidung?
- Wie viele Entscheider gibt es?
- Mit wem halten sie Rücksprache?
- Wie viel Rückhalt haben diejenigen im Unternehmen?

Einige Fragen, um den Entscheider herauszufinden:

„Herr/Frau xyz, wer ist alles in die Entscheidungsfindung mit einbezogen?"

„Abgesehen von Ihnen, wer ist in die Entscheidung zusätzlich involviert?"

„Wer gibt das endgültige okay?"

„Unterschreiben wir beide die Vereinbarung?"

#4: Was gehört zum Entscheidungsprozess Lead-Management dazu?

- Wie sieht der Entscheidungsprozess exakt aus?
- Was gehört alles dazu?
- Wer ist alles involviert?
- Was passiert als nächstes?
- Wie lange dauert der Prozess?
- Wie viele andere Schritte gehören noch dazu?

Einige Fragen, um den Entscheidungsprozess aufzudecken:

„Herr/Frau xyz, nachdem wir Ihnen das (Angebot, Vorschlag, Informationen) zugesandt haben, was passiert danach?"

„Wie lange wird der Prozess dauern?"

„Wie können wir den Prozess beschleunigen?"

„Wer ist daran beteiligt?"

„Wie lange wird es dauern, bis die endgültige Entscheidung getroffen wird?"

#5: Wer ist der Mitbewerb?

- Wie viele andere Unternehmen haben Sie angefragt?
- Ist das Unternehmen, mit dem Sie heute zusammen arbeiten, noch involviert?
- Was sollte der neue Lieferant besonders gut machen?
- Wie viele andere Angebote liegen Ihnen vor?
- Wer ist zurzeit ihr Favorit?
- Was werden die besonders gut machen?

Einige Fragen, um mehr über den Mitbewerb zu erfahren:

„Welche Anbieter haben Sie ausgewählt dafür?"

„Wie ist Ihre persönliche Einschätzung dazu?"

„Planen Sie, mit dem derzeitigen Unternehmen weiter zu machen?"

„Wohin tendieren Sie im Moment?

„Oh, warum das?"

#6: Wir groß ist das Budget?

Es geht wieder nur ums Geld

- Wie hoch ist das Budget für dieses Projekt?
- Was haben sie zuletzt ausgegeben?
- Was ist das Limit?
- Was würden sie gerne dafür ausgeben?
- Liegt unsere Lösung in ihrem Budget-Rahmen?
- Was ist die Obergrenze?

Einige Fragen, um das Budget zu erfragen:

„Wie hoch ist das Budget für dieses Projekt?"

„Wie viel haben Sie im letzten Projekt ausgegeben?"

„Wenn wir uns auf eine Lösung einigen, die für Sie passend ist, können Sie sich einen Betrag von ..... € pro Tag leisten?"

„Welche Größenordnung peilen Sie an?"

Bekommst du nun ein Gefühl dafür, was ein qualifizierter Interessent ist und wie umfangreich Lead-Management sein kann? Ist doch umfassend, oder? Tatsache ist doch: je mehr Informationen du bekommst, umso qualifizierter wird dein Interessent. Und je qualifizierter dein Interessent ist, um so eher wird er seinen Auftrag bei dir platzieren.

Jetzt ahne ich schon, dass du denkst: „*Werner, meine Interessenten sitzen nicht den ganzen Tag da und beantworten alle meine Fragen.*" Weißt du was? Das stimmt, einige geben dir die Antworten und andere weigern sich. Die gute Nachricht: auf diese Art trennst du automatisch die Käufer von den Nicht-Käufern. Qualifizierte Interessenten geben dir gerne die Zeit, diese Fragen zu stellen und sie beantworten deine Fragen auch gerne.

Es gibt allerdings auch bestimmte Zeiten, da haben deine Interessenten besonders viel zu tun. In dem Fall biete ihnen einen Rückruf zu einer anderen, weniger hektischen Zeit an.

Topp-20%-Checkliste zur Qualifizierung deines Interessenten

	Was ich weiß	Was ich noch wissen muss
1. Warum wird dein Interessent kaufen?		
2. Warum werden sie nicht kaufen?		
3. Wer trifft die Entscheidung?		
4. Was ist alles in den Entscheidungsprozess mit eingebunden?		
5. Wer ist der Mitbewerb?		
6. Wie groß ist das Budget?		

Schritt #12: Was unterscheidet gute Verkäufer von Topp-20%-Verkäufern?

Hast du schon einmal darüber nachgedacht, was Topp-20%-Verkäufer auszeichnet?

Ich habe am letzten Wochenende darüber nachgedacht und habe eine Liste der Punkte erstellt, die Topp-20%- Verkäufer wirklich auszeichnet.

Die Differenz zwischen gut und sehr gut kann schon sehr klein sein. Das siehst du bei manchen Pferderennen, bei denen der Sieger nur eine Nüsternlänge weiter vorne liegt als das Rennpferd auf Position zwei.

Oder du vergleichst das mit dem Formel 1-Rennen – der Fahrer auf Platz zwei liegt manchmal nur wenige hundertstel Sekunden hinter dem Sieger.

Also ist doch der Unterschied sehr schmal.

Gewinner machen trotzdem den großen Unterschied aus – so ist es auch im Verkauf.

Über meine Liste gibt es keine besonderen Geheimnisse. Es sind nur 12 Besonderheiten, die die wahren Topp-20%-Verkäufer auszeichnet.

Hier kommt meine Liste:

1. Topp-20%-Verkäufer verfügen über eine positive JA!-Einstellung und lächeln viel. Das ist ein besonderer Faktor. Dein Lächeln wärmt deine Umgebung auf. Und wenn du lächelst, dann werden deine Gesprächspartner ebenfalls lächeln.

2. Topp-20%-Verkäufer haben die „*Ich-schaffe-das*" Einstellung! Sie vermeiden die Wörter „*geht nicht*" und „*unmöglich.*" Sie finden immer wieder neue Lösungen und beziehen ihre Gesprächspartner aktiv ein. Sie jammern niemals.

3. Sie sind gute und aktive Zuhörer. Sei konzentrieren sich auf das Gespräch mit den Interessenten und Kunden und hinterfragen die einzelnen Punkte. Sie halten Blickkontakt und schauen nicht in der Gegend rum, wenn sie mit dem Kunden sprechen.

4. Sie stellen gute Fragen. Sie stellen bevorzugt offene, tiefergehende und emotionale Fragen und damit halten sie das Gespräch am Laufen.

5. Bei Topp-20%-Verkäufer steht nicht der Abschluss im Vordergrund, sondern immer die Lösung. Je mehr Probleme sie für Ihre Kunden und Interessenten lösen, umso mehr Aufträge werden sie erzielen.

6. Sie reden wenig, damit ihr Gesprächspartner Gelegenheit hat, von sich und seinem Unternehmen zu berichten. Redest du als Verkäufer zu viel, so bleibt dein harmonisches Verhältnis auf der Strecke und deine Glaubwürdigkeit leidet. Die beste Alternative zum Vielreden sind doch deine offenen Fragen und dein aktives Zuhören. Über die wichtigsten Punkte machst du dir Notizen.

7. Jeden einzelnen deiner Gesprächspunkte kannst du später im Büro nach verfolgen, so gut sind deine Gesprächsnotizen. Je mehr Notizen du dir gemacht hast, umso weniger hast du gesprochen.

8. Topp-20%-Verkäufer halten sich mit voreiligen Zusagen zurück und sind dafür schnell mit den Ergebnissen. Sie versprechen nicht zu viel und damit halten sie den Ball flach. Wird zu viel Versprochen und nicht eingehalten, führt das zu Enttäuschungen beim Gesprächspartner.

Ich will dir dazu ein Beispiel geben. Als ich zuletzt mit meinem Auto für einen Ölwechsel in der Werkstatt war, sollte ich eine Stunde warten. Als mir aber bereits nach 25 Minuten der Meister meine Autoschlüssel brachte, was glaubst du, welche Gefühle ich in dem Moment hatte? Ich fühlte mich hervorragend, weil der Meister meine Ansprüche übererfüllt hatten. Und vergiss das nicht: in diesem Fall setzte der Meister die Erwartungen.

9. Topp-20%-Verkäufer kommen immer etwas eher zu ihren Terminen. Genau auf den Zeitpunkt bedeutet, zu spät zu sein. Deswegen immer einige Minuten früher eintreffen.

10. Topp-20%-Verkäufer sind begeistert. Sie lieben den Beruf des Verkäufers und identifizieren sich damit. Sie glauben an sich, an die Produkte und an das Unternehmen. Sie füllen einen Raum mit positiver Energie, sobald sie den Raum betreten. Sie handeln nach dem Leitmotiv von Aurelius Augustinus(Rom, Kirchenlehrer und Rhetoriker 354 bis 430):*„In dir muss brennen, was du in anderen entzünden willst."*

11. Topp-20%-Verkäufer arbeiten ziel- und ergebnisorientiert. Sie haben eine komplette Einwandbehandlung für jedes Verkaufsgespräch. Sie führen keine unqualifizierten Telefonate, da das reine Zeitverschwendung für sie ist.

12. Sie treffen keine falschen Annahmen. Sie handeln nach Fakten und Realitäten. Sie behandeln ihre Kunden und Interessenten so, wie „SIE" gerne behandelt werden möchten.

Die Goldene Regel nach Immanuel Kant besagt: *„Was du nicht willst, dass man dir tu', das füg' auch keinem anderen zu."*

Die Platin-Regel besagt, dass du die Menschen so behandeln sollst, wie sie gerne behandelt werden möchten.

Denk eine Minute darüber nach und lass es sacken.

Topp-20%-Verkäufer sind dankbar. Sie sind von ihrer Aufgabe überzeugt und erzählen das auch ihren Kunden.

Sie sind auch dankbar für die Unterstützung der Kollegen im eigenen Unternehmen. Das bringen sie auch immer wieder zum Ausdruck.

Der Unterschied zwischen guten Verkäufern und Topp-20%-Verkäufer ist gering. Doch ein Unterschied existiert - den siehst du spätestens bei der Provisionsabrechnung.

Werner F. Hahn

Werner F. Hahn ist Verkaufstrainer, Coach und Fachbuchautor. Ein Mann aus der Praxis mit vielen Jahren Berufserfahrung, der zum exklusiven Kreis der wenigen Trainer gehört, die das Verkaufen von der Pike auf im B2B bei der Nixdorf Computer AG erlernt hat.

Hahn gibt Verkaufsseminare, Powertrainings, bringt frischen Wind in Vertriebsmeetings, ist ein sympathisch motivierender Gastredner, coacht mit Training on the job, ist zwölffacher Buchautor und gibt jeden Dienstag gratis

- das E-Mail-Magazin "*sales vitamins frische Vitamine für besseres Verkaufen*" an über 5.153 Verkäufer heraus und
- den Podcast *to go* – Lernen auf der Fahrt zu Interessenten und Kunden uns sich schnell inspirierende und motivierende Informationen jederzeit und überall abholen.

Seine Seminare und Trainings haben bisher über zehntausend Teilnehmer erfolgreich absolviert und über zweitausend Verkäufer wurden direkt am Arbeitsplatz gecoacht.

Das Ergebnis:

- sofortige Erfolge im Auftragseingang, Umsatz und Ertrag
- wecken von neuen Energien,
- Stärkung der Motivation und
- das gesamte Vertriebsteam hat Spaß daran, im Verkauf tätig zu sein.

Ob das Verkaufstalent in die Wiege gelegt wird? Sicher ist: Hahn hat "*Verkaufen*" von der Pike auf gelernt. In allen Stufen des Vertriebs - vom Vertriebs-Assistent bis zum Geschäftsführer.

Seit 1989 bietet er sein Wissen und seine Erfahrung als selbstständiger Verkaufstrainer und Fachbuchautor an. Seine Kunden bilanzieren: *Mit Werner F. Hahn haben wir einen Trumpf gezogen: für mehr Aufträge, steigende Umsätze und höheren Verdienst.* Heute zählt Hahn zu den effizientesten Dienstleistern der Branche.

Seine Methoden:

Hahn bildet aus: vom Verkaufs-Assistent bis zum Profi-Verkäufer. Seine Schwerpunkte sind: Neue Kunden gewinnen, Akquisition, Vorteil-/Nutzenargumentation, Einwandbehandlung, Fragetechnik, Preisgespräche und Preisverhandlung, Abschlusstechniken, Verhandlungstechnik, Sprache im Verkauf, Stärkung im Wettbewerb, Key-Account-Verkauf, Kommunikations- und Telefontraining, Verkaufen am Telefon.

Hahn trainiert Verkäufer in authentischen Situationen, auch direkt beim Kunden. Diesen Schwerpunkt seiner Methode dokumentieren zehntausende Kaltakquisitionen per Telefon und tausende gemeinsame Kundenbesuche mit und ohne Termin. Hahn legt den Finger in offene Wunden und zeigt, wie es besser und erfolgreicher gemacht wird. Daraus resultieren Sofort-Erfolge, die bei den Teilnehmern neue Energien wecken, ihre Motivation stärken und wieder richtig Spaß daran vermitteln, Verkäufer zu sein.

Seine Referenzen:

Bisher haben mehr als 14.000 Teilnehmer seiner unternehmensinternen und öffentlichen Trainings und Workshops ihre Motivation und ihre Umsätze messbar gesteigert. Über 2.693 Verkäufer hat er persönlich gecoacht - direkt am Arbeitsplatz im Unternehmen oder vor Ort beim Kunden mit seinem bewährten Training on the job.
Verkäufer...

- aus allen mögliche Branchen,
- in Kleinbetrieben ebenso wie in Top 50 Unternehmen und DAX-Konzernen,
- von Dienstleistungen, Gebrauchs-, Konsum- und Investitions-güter und
- bei Investitionsvolumen von mehr als 10 Mio. Euro ebenso wie von Produkten um € 5.- das Stück.

Mit seinen Verkaufstrainings

- steigert er Auftragseingang, Umsatz und Ertrag um 10% und mehr Prozent;
- reduziert er die Anzahl der verloren gegangenen Aufträge und sichert so zusätzlichen Umsatz;
- qualifiziert er Ihre Mitarbeiter direkt am Arbeitsplatz im Tagesgeschäft und motiviert sie zu Höchstleistungen;
- gibt er klare Handlungsanweisungen und vermeidet das übliche Marketinggeschwafel;
- lernen Ihre Mitarbeiter praxisidentische Tipps, die sie sofort nach dem Hören im nächsten Kundengespräch aktiv einsetzen und Mehrumsätze erzielen.

Ergebnis:

Sie erreichen damit Sofort-Erfolge, die bei ihren Verkäufern neue Energien wecken, ihre Motivation stärken und wieder richtig Spaß daran vermitteln, Verkäufer zu sein.

Sein Tipp: Entscheiden Sie sich bewusst für einen Trainer, der ein Praxistraining für Verkauf und Akquise anbietet – mit entsprechend hohem Grad an Interaktion, an Übungen und Vertiefungsfällen direkt aus der Praxis der Teilnehmer.

Wenn Sie für Ihre Ziele einen Profi brauchen, der es schafft, in freier Rede Bilder zu erzeugen und Geschichten zu erzählen, die bei den Teilnehmern hängen bleiben, dann fragen Sie jetzt die Verfügbarkeit von Werner F. Hahn an.

- Einer der meistgelesenen Blog (> 600 Artikel) im Internet über VERKAUFEN: www.wernerhahn.de/sales-vitamins

- Seine 12 Bücher finden Sie im Internet u.a. bei Amazon und weiteren 2.500 Online-shops weltweit und in seinem Shop – gerne mit persönlicher Widmung - unter: www.wernersshop.de

- Seine Trainingsthemen und Termine finden Sie ebenfalls hier: www.wernersshop.de

Telefon: 0171 – 650 56 90

Internet: www.wernerhahn.de

Blog Verkaufen: www.wernerhahn.de/sales-vitamins

E-Mail: salesman@wernerhahn.de

Facebook: https://www.facebook.com/VerkaufstrainingWFHahn/

YouTube: http://youtu.be/c9sh1bMFph0

XING: https://www.xing.com/profile/WernerF_Hahn

Twitter: https://twitter.com/WernerFHahn

Google+: https://plus.google.com/u/0/+VerkaufstrainerWernerFHahn/posts

LinkedIn: http://de.linkedin.com/pub/werner-f-hahn

sales vitamins - frische Vitamine für besseres Verkaufen

sales vitamins wird -gratis- wöchentlich versendet und in jeder Ausgabe gibt es nützliche Tipps, hilfreiche Techniken und praktische Wort-für-Wort-Gesprächsleitfäden, die deinen Verkaufserfolg garantiert steigern:

Vertriebspraxis pur:

- *frei von Marketinggeschwafel*
- *frei von Tschakka*
- *frei von Callcenter-Floskeln.*

Viele Inhalte, die ich in diesem *sales vitamins* veröffentliche, wirst du nirgendwo anders finden. Gegenüber denjenigen, die diese werthaltigen Informationen noch nicht bekommen, hast du einen enormen strategischen Wissensvorsprung, den du für dein Tagesgeschäft positiv nutzen solltest.

Mein Versprechen: Ich werde dir nur *sales vitamins* schicken und keine anderen E-Mails. Du wirst von mir keinen SPAM erhalten und deine E-Mail-Adresse wird von mir niemals weitergegeben, das garantiere ich dir.

Podcast to go

Hol dir auf der Fahrt zu deinen Kunden und Interessenten die nötige Dosis von Motivation und Inspiration mit den Themen rund ums Verkaufen. Auch in meinen Podcasts bekommst du perfekte Sätze, Wort-für-Wort-Gesprächsleitfäden, die das Herz deines Gesprächspartners erreichen. Du kennst ja mein Mantra:

Verbindlich Verkaufen - mit guten Gefühlen.

Die Podcast findest du hier unter www.wernerhahn.de oder du gehst in den iTunes Store und gibst als Suchbegriff *„Verkaufstrainings"* ein und dann geht es sofort los.

Folgende 12 Fachbücher hat Werner F. Hahn veröffentlicht:

- 111 Verkäuferfragen & 111 professionelle Antworten
- 88 typische Verkäuferfehler
- Mach den Abschluss
- Kaltakquisition ist tot? Hurra! Es lebe die Kaltakquise!
- Mehr Termine. Mehr Aufträge. Einfach und entspannt am Telefon mehr verkaufen.
- 222 Fragen – Fragen, die Topp-20%-Verkäufer erfolgreich einsetzen
- Vorwand? Einwand? Kaufsignal!
- Vorteil? Nutzen! Warum der WERThaltige Nutzen so kaufentscheidend ist
- Wie Rabatte dein Geschäft ruinieren
- Neue Kunden gewinnen und den Umsatz steigern in der Welt des VERKAUFEN 4.0
- Gestern: Vertriebsprofi - Morgen: Führungskraft im Vertrieb
- Perfekte Formulierungen für deinen Vertriebserfolg

Alle Bücher und auch die E-Book-Varianten sind bestellbar in jedem Buchladen sowie in über 2.000 Online-Buchhändlern und Shops, u.a. auch bei www.amazonde.de.

Spezielle offene Trainingsangebote:

- 1-Tages-Intesiv-Training: Mehr Termine. Mehr Aufträge. Neue Kunden gewinnen.

- 1-Tages-Intensiv-Training: Profite statt Rabatte – Nie wieder Preisgespräche!

- Ist das der passende Verkäufer für unser Unternehmen?

- Verkaufstraining *plus* Training on the job

- Vom AZUBI zum zertifizierten Junior-Verkäufer

Details und weitere Trainingsthemen finden Sie hier im Shop unter www.wernersshop.de

Danke!

Im Regelfall bedankt sich der Autor bei seinem Schwippschwager, seiner Schwiegermutter, seiner Braut und allen anderen Personen, die ihm besonders nahe stehen und/oder standen.

Ich bedanke mich heute bei dir als mein Kunde – du trägst dazu bei, dass sich mein Bankguthaben vergrößern wird.

Die gute Nachricht: setzt du diese perfekten Formulierungen aus diesem Buch konsequent um, dann wird das auch bei dir zu einer prall gefüllten Geldbörse führen.

Und wenn zwei Geldbörsen prall gefüllt sind, ist das für uns beide eine win-win-Situation!

Danke, dass du mein Kunde bist.

Werner F. Hahn

Literatur- und Quellenverzeichnis

Carnegie, Dale:	Sorge dich nicht, lebe!
Carnegie, Dale:	Der Erfolg ist in dir
Detroy/Scheelen:	Jeder Kunde hat seinen Preis
Enkelmann, N. B.:	CHARISMA
Geffroy,	Herzenssache Kunde
Goldmann, Heinz M.:	Wie man Kunden gewinnt
Goleman, Daniel:	Emotionale Intelligenz
Grimm, Peter:	Der verratene Verkauf
Gschwandtner, G.:	Sales Storys to sell by
Hahn, Werner:	111 Verkäuferfragen & 111 professionelle Antworten
Hahn, Werner:	88 typische Verkäuferfehler
Hahn, Werner:	Mach den Abschluss
Hahn, Werner:	Kaltakquisition? Hurra! Es lebe die Kaltakquise
Hahn, Werner:	Mehr Termine. Mehr Aufträge.
Hahn, Werner:	Wie Rabatte dein Geschäft ruinieren
Hahn, Werner:	222 Fragen
Hahn, Werner:	Vorwand? Einwand? Kaufsignal!
Hahn, Werner:	Neue Kunden gewinnen und den Umsatz steigern
Hahn, Werner:	Vorteil? Nutzen!
Heller, Robert:	Erfolgreich Verkaufen
Schäfer,	Vertrauen im Verkauf

Haftungsausschluss

Der Autor übernimmt keinerlei Gewähr für die Aktualität, Richtigkeit und Vollständigkeit der bereitgestellten Informationen in diesem Buch. Haftungsansprüche gegen den Autor, welche sich auf Schäden materieller oder ideeller Art beziehen, die durch die Nutzung oder Nichtnutzung der dargebotenen Informationen bzw. durch die Nutzung fehlerhafter und unvollständiger Informationen verursacht werden, sind grundsätzlich ausgeschlossen, sofern seitens des Autors kein nachweislich vorsätzliches oder grob fahrlässiges Verschulden vorliegt.

Meine Angebote sind freibleibend und unverbindlich. Als Autor behalte ich mir es vor, Teile der Seiten oder das gesamte Angebot ohne gesonderte Ankündigung zu verändern, zu ergänzen, zu löschen oder die Veröffentlichung zeitweise oder endgültig einzustellen.

Druckfehler?

Dieses Buch wird dazu beitragen, dass du dein bestes Jahr im Verkauf haben wirst – vorausgesetzt, du setzt die einzelnen Punkte sukzessiv um.

Hast du einen Schreibfehler in dieser Ausgabe gefunden? Mir tut selbst jeder Schreibfehler im Herzen weh. Doch denk bitte dabei an die Blaue Mauritius. Diese Briefmarke ist ein Fehldruck und ein Sammler hat 1993 für eine ungebrauchte Mauritius 1,1 Millionen Euro bezahlt.

Ahnst du, wie wertvoll dieses Buch für dich sein kann?